나는 이웃을 위해 무엇을 해야 하는가
나는 사회를 위해 무엇을 해야 하는가
나는 나라를 위해 무엇을 해야 하는가
나는 인류를 위해 무엇을 해야 하는가

정법을 알고도 그럴 사람은 없습니다!

정법을 알고도 그럴 사람은 없습니다! ❷

초판 1쇄 발행 2019년(後紀 7年) 4월 25일
초판 3쇄 발행 2020년(後紀 8年) 1월 6일

말한이_眞政
기획_신경애
발행처_주식회사 정법시대
등록번호_제2018-000009호
Tel_(+82) 02. 2272. 1204
Fax_02. 2135. 1204
Homepage_www.jungbub.com
YouTube_www.youtube.com/jungbub2013
Vimeo_www.vimeo.com/jungbub2013
ISBN_979-11-89546-18-2 04810
ISBN_979-11-89546-16-8 04810(세트)

* 저작권자와의 협의에 의해 인지를 붙이지 않습니다.
* 저작권법에 의해 보호받는 저작물이므로 무단전재와 무단복제를 금지하며,
  이 책 내용의 전부 혹은 일부를 이용하려면 반드시 저작권자와
  주식회사 정법시대의 서면 동의를 받아야 합니다.

ⓒ 眞政

정법을 알고도
그럴 사람은
없습니다!

❷

眞 政

일러두기

책에 수록된 내용은 2011년 11월부터 유튜브에 올린 강의 중 일부를 선별하여
정리한 것입니다. 그 자료가 워낙 방대하기에 시간적 배열과 상관없이
그 중요성을 감안하여 차트별로 배열하였습니다.

질문자에 맞추어 강의를 한 것이기에 다소 중첩된 부분들이 들어있습니다.
하지만 그 부분 역시 그 질문에 충실한 답이 되기 위해서는
반드시 필요한 내용들이기에 이 점을 감안하여 편집하였습니다.

강의 내용을 글로 옮긴 것으로 최대한 강의 내용에 벗어나지 않도록 하기 위해
단어 선택에 있어서도 원문을 그대로 인용하였기에
표준어가 아닌 단어들도 많이 들어있음을 양지하시기 바랍니다.

차례

정법강의 203-204강 인생 3번의 기회 009

정법강의 3강 불의를 보면 참지 못합니다 021

정법강의 206-207강 대화 033

정법강의 202강 사랑 확인 051

정법강의 163-165강 고집은 고집이 아니다 059

정법강의 199강 어릴 적 친구 075

정법강의 143강 부부 화합 085

정법강의 203-204강

인생 3번의 기회

강의일자: 2012. 01. 15.

QUESTION

어른들이 말하기를 누구든지 인생에서 3번의 기회가 있다고 하는데, 사람들은 꼭 지나간 후에야 그것이 기회였다는 것을 알게 됩니다. 자신 앞에 오는 기회를 그때 바로 알 수 있는 방법이 없을까요?

사람마다 다르니까 그 방법을 알려면 "나의 경우는 어떻습니까?" 하고 물어야 합니다. 기회에 대해서 간단하게 풀어 봅시다.

나이에 따라서 인생 3번의 기회는 다르게 옵니다. 즉, 청년기(20대)에 오는 것이 있고, 중년기(30대)에 오는 것이 있고, 장년기(40대)에 오는 것이 있습니다. 먼저 청년기에 오는 기회는 공부의 기회입니다. 다시 말해, 공부할 수 있는 기회가 주어지거나 누군가가 좋은 조건으로 나를 이끌어 줄 수 있는 길이 열린다면 기회가 온 것입니다. 청년기에는 경제를 가지고 있지 않습니다. 그런데 경제를 들이지 않고도 공부할 수 있는 길이 순순히 풀린다면, 이것은 기회가 온 것이 맞습니다.

그런데 이때 시험지가 들어오기도 합니다. 이 시기에 돈을 많이 벌 수 있는 기회가 온다면 이것은 기회가 아니라 시험지입니다. 청년기에 오는 이런 기회는 바른 공부의 길이 열린 것이 아닙니다. 그런데 아주 똑똑한 사람은 이것이 기회인 줄 알고 가는 것입니다. 그러면 돈은 분명히 얻습니다. 그러나 청년기에 돈을 얻은 사람은 번 돈을 정확하게 다 까먹게 됩니다. 그렇게 되면 돈을 가져볼 수 있는 기회를 이미 얻었기 때문에, 다시 돈을 얻는 것은 하늘의 별 따기입니다. 준 돈을 빼앗았다면 다시 주지 않습니다. 그래서 20대에는 돈 욕심을 내지 말아야 합니다.

다시 말하지만, 자신의 실력을 갖추는 데에 뒷받침해 줄 수 있는 길이 열린다면, 이것은 바른 길입니다.

그다음은 중년기에 기회가 옵니다. 30대에는 많은 사람을 얻을 수 있는 기회가 옵니다. 그래서 이때는 많은 인연들을 만나면서 그 속에서 사람공부를 하기 시작합니다. 20대에는 사람공부를 시키지 않지만, 30대에는 사람공부를 시킵니다. 다시 말해, 20대에는 경제를 대주면서 기초 공부를 할 수 있는 기회를 주지만, 30대가 되면 좋은 사람들을 많이 만날 수 있는 기회를 준다는 것입니다. 이때에도 돈을 욕심내면 안 됩니다. 돈을 욕심내는 순간 내게 온 사람들을 다 잃게 되고 큰돈도 건지지 못합니다.

그다음 장년기에는 초반에 기회가 옵니다. 그동안 나에게 주어진 사람들과 관계를 잘 맺었다면, 그것이 40대에 기회를 가져옵니다. 기회를 가져온다는 것은 인연들이 정보를 가져온다는 말입니다. 이때 정보를 가져오면서 내가 가지고 있지 않은 힘도 가져다 줍니다. 그래서 이 사람들이 가져다 준 정보를 운용하면서 스스로 경제도 갖게 되고 지위도 갖게 되는 것입니다. 그렇게 하여 내가 일을 할 수 있는 힘을 갖게 됩니다. 이처럼 40대에는 크게 펼칠 수 있는 모든 것들을 주기 시작하는데,

40대에 이러한 힘을 가지면 50대에는 누구의 힘을 빌리지 않고도 내가 펼치는 일에 전부 다 동참하러 인연들이 옵니다.
대자연의 법칙으로 우리에게 오는 3번의 기회는 이것을 말합니다.

이렇듯 나이에 따라 주어지는 기회를 통해 20대에 얻어야 할 것이 있고, 30대에 얻어야 할 것이 있고, 40대에 얻어야 할 것이 있습니다. 기회라는 것은 얻는 것이지 그냥 주는 것이 아닙니다. 그러나 얻는 것도 40대까지입니다. 50대가 되어서도 얻으려고 하면 비굴한 사람이 됩니다.

그러면 50대에는 무엇을 해야 하느냐? 50대에는 내가 가진 것을 남에게 주는 일을 해야 합니다. 이것이 아주 뜻있게 사는 것입니다. 이때 돈이 있으면 돈을 주면 되느냐? 돈을 그냥 주는 것은 바르게 주는 것이 아닙니다. 준다는 것은 내가 가진 실력과 힘으로 남을 이롭게 하는 것입니다.
돈은 내가 힘을 쓰는 데에 필요한 재료입니다. 보일러가 열이 나려면 기름을 넣어야 하듯이 돈은 내 힘의 원동력입니다. 그러므로 남에게 명분 없이 돈을 주면 내 힘이 없어집니다. 그래서 남에게 아주 뜻있는 행위를 하려고 해도 돈이라는 에너지가 없으면 할 수 없습니다.
뜻있는 일에는 반드시 물질이 필요합니다. 그래서 이런 것들이 갖추어진 상태에서 뜻있는 일을 할 수 있는 것입니다.

그런데 "아이고, 뜻있는 일은 돈이 없어도 합니다." 이렇게 말하는 사람이 있는데, 그것은 뜻있는 일이 무엇인지 그 근본을 모르고 하는 말입니다. 팔 없는 사람을 찾아가서 등을 씻겨 주는 것은 뜻있는 일을 하는 것이 아닙니다. 그것은 내 공부를 하는 것입니다. 다시 말해, 사람들을 씻겨 주면서 무언가를 배우는 중이지, 뜻있는 일을 하는 것이 아니라는 말입니다. 모두가 착각을 하고 있습니다. 좋은 일을 한다고 생각하지만 시간 낭비를 하고 있는 것입니다. 그렇게 시간을 낭비했다면 그 결과는 정확하게 아픔으로 다가옵니다. 객기 부리지 마라, 이 말입니다.

힘없는 자는 남을 도울 수 없습니다. 남을 도우려면 힘을 가지고 있어야 합니다. 어떤 힘이 있어야 하느냐? 그 힘은 경제적인 힘일 수도 있고, 지식의 힘일 수도 있고, 또 재주의 힘일 수도 있습니다. 이렇듯 어떤 것이든 힘을 가져야만 남을 도울 수 있습니다.

앞에서 돈으로 예를 들었지만, 힘이 있다고 해서 그 힘을 그냥 주는 것은 돕는 것이 아닙니다. 그것은 내 힘을 그냥 내버리는 꼴입니다. 내 힘을 에너지원으로 삼아 무언가 뜻있는 일을 하는 것만이 남에게 진정으로 주는 것입니다. 이때 주는 것도 공짜로 주는 것이 아닙니다. 내 힘을 주면 상대는 분명히 대가를 지불합니다. 그러면 나에게 힘이 또 생깁니다. 힘이 힘을 부른다는 말이 바로 이런 것을 이야기하는 것입니다. 내가 세상에 뜻있는 일을 하면, 그 대가는 분명히 돌아옵니다. 스스로 오게 되어 있습니다.

공짜로 해 주는 것은 절대로 바르게 해 주는 것이 아닙니다. 뿐만 아니라 절대로 남을 돕는 것도 아닙니다. 계속 나의 에너지를 써가면서 공짜로 돕는다면, 결국 내 에너지가 다 떨어지게 되어 나는 어떤 일도 하지 못하게 되어 있습니다.

더 큰일을 하기 위해서는 에너지가 들어와야 더 큰 힘을 써서 일을 할 수 있는 것입니다. 즉, 큰일을 하는 것은 더 질 좋고 크게 연구할 수 있는 재원이 스스로 들어와야 가능한 것입니다. 그래서 경제가 다시 회전해서 들어오지 않는 복지사업은 절대로 생각하지 말라는 것입니다. 그런 일은 복지사업이 아닙니다.

이런 원리를 모르고 행동하면서 뭔가 좋은 일을 했다고 합니다. 좋은 일이 아님에도 좋은 일인 줄 알고 했다면 정확하게 나에게 어려움이 다가온다는 사실을 알아야 합니다. 남에게 이롭고 좋은 일을 했다면 절대 어려워지지 않습니다. 오히려 나의 힘은 배가 되어, 더 크게 좋은 일을 할 수 있도록 정확하게 이루어집니다.

복지사업은 최고로 질량이 큰 사업입니다. 제일 마지막에 하는 사업이 복지사업입니다. 사회가 발전할 때는 물질을 챙기지만 힘을 갖추고 나면 갖춘 힘으로 복지사업을 해야 합니다. 앞으로 이 나라가 복지사업에 눈을 돌려야 하는 이유도 바로 여기에 있습니다. 복지사업을 바르게 하면 이 나라는 인류를 이끄는 엄청난 힘을 가지게 됩니다. 인류를 이끄는 힘 즉, 인류의 지도자가 되는 힘을 가지는 것입니다.

기회에 대한 이야기로 다시 돌아가면, 지금은 출세의 길을 기회로 잘못 알고 있습니다. 출세는 자신을 갖추고 힘을 비축하지 못하면 이루어지지 않습니다. 그렇게 하지 않고 출세를 했다면 그것은 편법입니다. 그래서 정확하게 골병듭니다. 그 자리에 갔더라도 절대로 존경받지 못하고 쓴맛을 보고 내려와서 인생을 망치게 되는 것입니다.

인생에는 3번의 기회가 있고, 나이에 따라 다르게 주어지는 기회를 분명하게 잡아야 합니다. 그래야 멋진 인생을 살 수 있습니다.

QUESTION
그렇다면 3번의 기회를 모두 놓친 50대가 넘은 분들이 인생을 다시 살 수 있는 방법은 없습니까?

지금 기회를 놓친 사람들은 길이 막혀 있습니다. 막혀 있을 때는 어떻게 하는 것이 지혜로운 것이냐? 이때는 펼치려고 들지 말아야 합니다. 힘이 없는 사람이 펼치려고 하면 가다가 돌부리에 걸려 엎어져서 코가 깨집니다. 그것은 무모한 짓입니다.

인생의 기회를 다 놓쳐서 자신을 갖추지 못했다면 갖춘 사람에게 붙으면 됩니다. 갖춘 사람은 사람이 필요합니다. 기회를 잡지 못한 사람들이 필요하다는 말입니다. 그래서 이들이 함께 힘을 모으면 큰일을 해낼 수 있습니다. 갖춘 사람은 기회를 다 잡았기 때문에 경비를 들여가며 같이 일할 수 있는 힘을 가지고 있습니다. 이런 사람에게 붙어야 고생하지 않고 뜻있는 일에 동참해서 가게 됩니다. 그래서 단체가 모이는 것입니다. 그런데 지금 단체가 왜 크게 모이느냐? 우리 죄의 두께가 너무나 두껍기에 혼자 힘으로는 질량이 너무 작아 우리의 죄를 씻어 낼 수 없기 때문입니다. 그래서 큰일을 해내기 위해 큰 힘이 모이는 것입니다. 그런데 이 법칙을 모르다 보니 사람만 모아 놓고 무엇을 해야 할지 모르는 것입니다.

사람을 모아서 큰일을 했다고 하는 사람들에게 "무엇을 했습니까?"라고 물어보면, 연탄이 없는 곳에 연탄을 사 주었다고 합니다. 연탄은 지게꾼도 사 줄 수 있습니다. 한 사람의 힘으로도 해 줄 수 있는 일입니다. 그런데 큰 힘을 모아놓고 연탄을 사 주고 쌀을 사 주었다, 이 말입니까? 이것은 우리가 할 일이 아닙니다. 착각하고 있는 것입니다.

교회에서도 3~4명이 모였을 때라든지 70명, 200명이 모였을 때는 연탄을 사 주고 쌀을 사 주어도 됩니다. 그러나 몇 만, 몇십 만이 모였다면 쌀가마니를 들고 다니면 안 됩니다.

쌀이 한 달에 한 포씩만 들어와도 10만 포대입니다. 이 힘으로 뜻있는 일을 해야 합니다. 용광로 같은 에너지가 모였을 때 힘있고 빛나는 일을 해야 하는 것입니다. 모이기만 하고 뜻있는 일을 하지 못하면 나중에 모두가 다 두드려 맞습니다. 당신들이 건달입니까? 시간을 낭비하면서 모여서 무엇을 하고 있습니까? 시간 지나면 다 두드려 맞습니다. 그렇게 아무것도 하지 못하는 자들이 맨날 "주여, 임하소서!"라고 합니다. 주가 임해서 무슨 득 될 일이 있습니까? 지금 그러한 일이 벌어지고 있는 것입니다.

우리 주인이신 하느님은 누구를 제일 좋아하느냐? 하느님은 자신의 일을 잘하는 사람을 제일 좋아합니다. 그 사람을 보고 하느님의 제자라고 하는 것입니다. 뭔가를 계속 받으러 오는 사람은 좋아하지 않습니다.

하느님이 어린 양을 좋아할 것 같지만, 어린 양은 어릴 때 좋은 것이고, 양이 다 컸으면 털을 내놓아야 하는 것입니다. 털을 깎아야 돈이 되지, 맨날 털도 길지 않고 그냥 돌아다니면 잡아먹어야 합니다. 우리가 지금 하느님을 잘못 알고 있습니다. 이해됩니까?

정법강의 3강

불의를 보면
참지 못합니다

강의일자: 2011. 12. 01.

QUESTION

남편이 불의를 보면 참지 못하는 성격입니다. 그래서 직장생활을 하다 보면 여러 면에서 많이 부딪칩니다. 그러다 보니 자신이 뭔가 부족하다고 느끼게 되어 절제는 하고 싶은데 생각처럼 잘되지 않아 가슴 안에서 분노가 올라온다 합니다. 이럴 경우에는 어떻게 해야 합니까?

불의를 보면 참지 못하고 행동할 수밖에 없는 사람은 먼저 자신의 질량이 어떤지를 파악해야 합니다. 이런 행동은 질량이 낮아서 일어나는 것입니다. 불의를 보면 지금 이런 환경이 왜 일어나는지를 잘 관찰해야 하는 사람이 윗사람이고 조금 나은 사람입니다. 그런데 일이 생기니까 내가 거기에 그냥 동動해 버리면, 무엇이 잘못인지도 모르고 간섭하는 것이 되어 내가 그 화살을 맞는 것입니다.

불의를 보고 한쪽 편을 들어 못 참고 일을 저질렀다면, 정확하게 그 에너지가 나에게 화살로 돌아와 내가 불이익을 당하게 됩니다. 옳고 그름의 분별은 내가 했지만, 그 상황에 맞는 바른 답은 아직 나오지 않은 것입니다. 그래서 불의를 보고 참지 못하는 사람이 손해를 많이 보는 것입니다. 손해를 보았다는 것은 틀리게 잣대를 갖다 대고 행동했다는 말이 됩니다.

'이것이 답이 맞는데…'라고 할지 몰라도 사회의 답은 아니라는 것입니다. 대자연에서 지금 일어나는 일을 보고 내가 참지 못한 것으로, 대부분 참지 못하고 가는 것은 내 잣대로 옳고 그름의 분별을 했기 때문입니다.

그러면 예를 들어 봅시다. 길을 지나가다 보니 누군가 깡패에게 두드려 맞고 있습니다. 그러니까 가서 "아, 이거 왜 그러십니까? 힘없는 사람을 때리면 안 되잖습니까?" 하면서 상대가 깡패인 줄도 모르고 맞는 사람 편을 들어 깡패에게 뭐라고 합니다.

그런데 나중에 양쪽 말을 다 들어 보니까 맞는 사람이 깡패에게 맞을 짓을 했다는 생각이 드는 것입니다. 맞는 사람이 약자인 줄 알고 편들었는데, 나중에 보니까 약자가 아닌 것입니다. 그 사람이 깐죽깐죽 대어 깡패를 화나게 만들었던 것입니다. 그러니 내가 불의를 보고 뛰어든 것이 타 죽으려고 불 속에 들어간 격이 된 것입니다. 그래서 길을 가다 싸우는 것을 보더라도 간섭하지 말라는 것입니다.

싸울 때는 원인이 있습니다. 원인 분석을 정확하게 하기 전에는 싸움에 간섭해서 누구 편을 들지 말라는 것입니다. 얼른 경찰서에 신고해서 처리를 해 주어야 합니다. 그러면 경찰이 와서 싸움을 뜯어 말리고 "길에서 싸운 자체가 둘이 잘못한 것이니 힘이 들어도 경찰서에 가서 잘잘못을 가려야 됩니다." 하고 데리고 가야 합니다. 그리고 잘한 사람은 득이 되게 하고 잘못한 사람은 처벌받게 해서 다시는 잘못하지 않게 만들어 주어야 합니다. 그래서 경찰을 민중의 지팡이라고 하는 것입니다. 만일에 내가 싸움을 말리려고 하면, 대번에 "경찰서까지 안 가고 여기서 끝내는 게 낫지 않겠습니까?" 하고 물어서 말리든지 아니면 "경찰서에 가면 서로가 곤란해지니까 이 정도 했으면 말지요." 하든지 해야 합니다.

길에서 싸워 여러 사람을 찡그리게 만들었다면 둘 다 잘못이 있는 것입니다. 나중에 양쪽에 시시비비를 가려보면 3 : 7로 정확하게 잘못이 나옵니다.

한쪽만 잘못이 있어서는 절대 싸움이 일어나지 않습니다. 잘못한 자가 70% 잘못했고, 잘못하지 않은 것 같은 자도 사실은 30% 잘못한 것입니다. 정확하게 잣대를 대면 분명히 나옵니다. 그렇지 않고는 서로 시비를 붙지 않습니다. 그래서 크게 잘못한 자가 "잘못했습니다." 하고 먼저 사과를 하면 합의가 됩니다. 그런데 70% 잘못한 자가 사과는 하지 않고 30% 잘못한 자에게 "네가 잘못했잖아. 네가 사과하면 나도 사과 할게." 그러면 죽어도 해결되지 않고 처벌까지 받아야 합니다.

QUESTION

본인이 70% 잘못했다는 것을 느낄 수 있는 방법은 있습니까?

더 답답한 사람이 잘못한 것입니다. 더 답답한 사람이 약자 같지요? 하지만 그 사람이 죄인입니다. 그것도 큰 죄인입니다. 작은 죄인은 조금 덜 답답한 사람입니다.

예를 들어 부부끼리 싸울 때는 답답한 사람이 더 잘못한 것입니다. 그 사람이 원인 제공자입니다. 이렇게 시시비비를 가려보면 3 : 7로 딱 나옵니다. 그래서 답답한 사람이 죄인이라고 보면 됩니다.

도둑을 당하면 누가 더 답답합니까? 도둑입니까, 당한 사람입니까?

(당한 사람이요...)

그렇죠? 도둑이 답답하지 않습니다. 그러면 도둑을 당한 사람의 잘못이 70%인 것입니다. 그래서 당한 사람이 먼저 '내가 왜 도둑을 맞았을까?'를 짚어보면서 자신의 잘못을 찾아야 합니다. 자신의 잘못부터 찾고 나서 30% 잘못한 상대의 잘못도 묻고 싶으면 물어야 하는 것입니다. 도둑이 들었다고 도둑을 막 욕한다고 해결되지 않습니다. 도둑이 경찰에 잡혀야 해결이 나는데, 잡힌다 해도 나중에 잡아 보면 이미 훔친 것을 다 써버린 후이기에 나에게 돌아오는 것은 하나도 없습니다. 도둑은 훔친 것을 다 써 버리고 교도소에 가서 조금 있다 나오면 그뿐입니다. 잠시 도둑질을 하지 못하고 휴식하는 것일 뿐, 훔친 것을 도둑맞은 사람에게 돌려주지 않습니다. 그래서 도둑맞은 사람이 답답한 것입니다.

또 다른 예로 사기를 당한 사람과 사기를 친 사람 중에 누가 더 답답하겠습니까? 이제 답이 딱 나오지요? 당한 사람이 환자입니다. 사기를 당한 사람이 사기 당할 수 있는 바탕을 만들어 놓았기에 사기꾼이 온 것입니다. 이 바탕이 만들어지지 않으면 사기꾼은 절대로 등장하지 않습니다. 그런데 그 바탕을 만들어 낸 자신이 잘못했다는 생각은 하지 못하는 것입니다. 사기를 당한 사람이 사기 친 사람을 자꾸 욕하는데 사기 친 사람은 한 건 했을 뿐입니다. 프로젝트 하나를 성공한 것입니다. 성공한 사람이 어떻게 답답하다는 말입니까? 좋아 죽습니다. 그래서 사기 친 사람은 좋아하고 사기를 당한 사람은 울상이 되는 것입니다.

그러면 사기 친 사람은 언제 답답하냐?
경찰에 잡히면 답답해집니다. 사기꾼은 원래 잡히지 않을수록 좋습니다. 그런데 잡혔다면 조금 허점을 남겨 잡힌 것이니까 답답한 일을 겪어야 하는 것입니다. 사기를 치려면 경찰에 잡히지 않게 쳐야 성공한 것입니다. 잡히지 않을 때는 엄청나게 좋은데 잡히고 나면 나쁜 것이 됩니다. 사기꾼은 잡히지 않으면 행복합니다. 사기를 잘 친 것이기 때문입니다. 이것은 사회를 위해서도 잘한 것입니다. 재물을 가지지 않아야 할 사람이 욕심을 내고 가지고 있으니까 사기꾼이 그것을 걷으러 가는 것입니다.

QUESTION

그러면 싸움을 할 때 먼저 싸움을 거는 쪽이 더 답답하다고 봐도 됩니까?

상대는 싸움을 하려는 마음을 먹지 않았는데 내가 근기보다 넘치게 주장을 하니까, 이것이 화를 만들어 내는 것입니다. 불을 땐 것입니다. 불을 때니까, 화가 올라와 싸움이 되는 것입니다.

상대를 화나게 하면 그 불을 내가 맞는다는 것도 알아야 합니다. 불날지도 모르고 불을 살살 때면 어떻게 되겠습니까? 그러니까 불나게 만든 사람이 잘못한 것입니다. 그래서 맞는 사람이 억울한 것이 아니라 맞을 짓을 해서 맞는 것입니다.

예를 들어, 남녀가 싸울 때 남자가 느닷없이 여자를 때리는 것 같지만, 그렇지 않습니다. 여자가 깡짱깡짱거려서 화를 돋우니 맞는 것입니다. 잘못도 없는데 괜히 때리겠습니까? 그래서 때리는 남자는 잘못이 없다는 것입니다.

QUESTION

그러면 때리는 사람을 3으로 보고 화를 돋게 만든 사람을 7로 보아야 합니까?

화를 돋우는 데에도 이유는 좀 있었겠지만, 일이 벌어지고 나면 때린 사람이 환장하겠습니까, 맞은 사람이 환장하겠습니까?

(맞은 사람이요...)

그렇죠? 그러면 어느 쪽이 더 아픕니까? 맞은 자가 더 아프겠죠? 그러면 환자는 맞은 자입니다. 잘못한 자가 환자라는 말입니다. 이것이 3 : 7의 법칙입니다. 맞은 사람이 70% 잘못했고 때린 사람이 30% 잘못한 것입니다.

QUESTION

그렇다면 사과도 이 7이 먼저 해야 하는 거네요?

이때도 마찬가지로 70% 잘못한 사람이 사과를 해야 결론이 납니다. 때린 사람은 때려서 화를 쏟아 버렸으니까, 그만 두잖아요? 하지만 이것은 아직 해결되지 않았습니다. 그래서 정확하게 다음에 또 나옵니다.
가정에서도 싸우는 사람이 계속 싸우고 맞는 사람이 계속 맞습니다. 한 번 맞기 시작하면 버릇이 되어 이제부터 계속 맞습니다. 왜? 답을 찾지 못해서 계속 맞으니까 또 꽁하니 걸고 있는 것입니다. 이것이 끝나지 않은 것입니다.
지금은 끝난 것 같아도 불씨가 항상 남아 있어서 나중에 작은 일만 있어도 또 깡짱깡짱대다가 또 맞습니다. 그래서 싸우는 집을 보면 '또 얻어터지겠구나' 하게 되고 다음날 아침에 보면 예상대로 여자 눈이 시퍼렇게 되어 나오는 것입니다.

QUESTION

보통 싸울 때 보면 현재 일어난 상황을 가지고 싸우는 것이 아니라 과거에 일어났던 일을 다시 들먹이며 싸우게 됩니다. 그러면 과거의 일이 누적되어 그 일이 터져서 오늘날 싸우게 되는 것이라고 봐야 합니까?

아직 과거의 것이 정리되지 않은 것입니다.
지금 참는다고 정리되는 것이 아닙니다. 이유를 밝혀서 내가 잘못했는지, 저쪽이 잘못했는지를 알고 잘못한 사람이 뉘우쳐야 합니다. 그래야 이 싸움이 끝납니다. 내가 잘못을 알고 뉘우치게 되면 저 사람에게 덤벼들지 않게 되어 더 이상 싸움이 일어나지 않습니다.
내 잘못인지 모르니까 화를 물고 있다가 이것으로 또 불씨를 만듭니다. 그래서 조금만 부딪치면 상대는 또 과거의 것을 꺼내어 들먹이는 것입니다. 과거의 것이 아직 해결이 나지 않아 남아 있는 것입니다.

정법강의 206-207강

대화

강의일자: 2012. 01. 15.

QUESTION

내가 상대방에게 어떤 말을 전했을 때, 상대가 그 말을 잘 이해했는지 확인하기 어렵습니다. 이런 경우, 상대방의 이해도는 어떤 방법으로 확인할 수 있습니까?

내가 이야기할 때 상대가 내 말을 흡수하면 어떤 일이 일어나느냐? 말을 하고도 부담이 느껴지지 않습니다. 뿐만 아니라 내 에너지가 맑아집니다. 내가 그것을 알 수 있습니다. 그래서 상대가 내 말을 잘 들어주면 그 사람에게 고마움을 느끼게 됩니다.

왜 이러한 일이 생기느냐? 내가 상대에게 어떤 말을 했다는 것은 내 것을 펼친 것입니다. 내가 펼친 것을 상대가 받아들여 도움이 되었다면 나는 행行을 한 것입니다. 이렇게 되면 나에게 뭉쳐 있던 기운을 덜어내게 됩니다. 남에게 나의 힘든 부분을 덜어낸 것이 되기 때문에 내 기운이 당연히 좋아지는 것입니다. 그런데 내 말을 상대가 받아들이지 못했다면 내 자신이 답답해집니다. 대화를 했는데 뭔가 갑갑하면 내 기운이 상대에게 먹혀 들어가지 않은 것입니다.

인간의 센서는 자동입니다. 인간의 센서만큼 훌륭한 것이 없습니다. 대화를 하는데 상대가 내 말을 소화하지 못하고 속으로 거부하면, 말하지 않아도 상대가 거부한 만큼 정확하게 내가 갑갑해집니다. 그렇게 몇 번 대화를 시도해도 풀지 못할 때는 다른 재미있고 좋은 쪽으로 화제를 돌려서 상대의 기운을 풀어 주어야 합니다. 그래야 내가 풀립니다. 그렇지 않으면 상대가 갑갑해진 만큼 나에게도 그것이 탁한 기운으로 남아 있게 되고, 이러한 기운이 쌓이면 병이 됩니다. 그러면서 앞으로의 생각도 막히고 성장하고 발전할 수 있는 길도 모두 막힌다는 사실입니다. 이 사람이 상대를 이해시키지 못하면 입을 닫으라고 한 원리가 여기에 있습니다.

상대를 이해시키지 못할 말을 함부로 하게 되면 내가 상대를 어렵게 만듭니다. 그리고 상대를 어렵게 만든 그 기운이 다시 나를 치러 들어와서 내 인생 길이 막히게 됩니다. 그 기운들이 뭉쳐져 내 몸에 병까지 만들어내는 것입니다. 그래서 갖추기 전에는 입을 열지 말라는 것입니다. 다시 말해, 남에게 내가 옳다고 함부로 주장하지 말라는 것입니다. 내가 갖춘 것 중에서 농축되고 정리된 것만이 답으로 나오는 것입니다. 이것은 4 : 3 : 3 진법으로 이루어집니다.

우리가 지금 받아들이는 정보는 내 지식의 40%를 형성하게 됩니다. 그리고 새로운 정보가 그 위를 덮어서 들어올 때 40%의 기존 정보는 아래로 밀려 내려가게 되는데, 그것이 농축되고 정리되어 30%를 형성하게 됩니다. 여기서 새로운 지식을 계속해서 더 갖추면, 그 상태에서 다시 압축됩니다. 그렇게 해서 처음에 들어왔던 정보가 더 농축되고 정리되어 다시 30%를 형성하게 됩니다. 우리는 이 30%를 쓰는 것입니다.

우리가 대화할 때는 이 30%를 써야 합니다. 압축된 30%를 씀으로써 새로운 정보가 또 들어가서 압축이 되고 다시 그 압축된 것을 쓰는 것입니다. 항상 압축된 아래 30%를 쓰는 것입니다. 그렇게 하지 않고 상대에게 방금 들은 것을 덜렁 써 버리면, 이상한 사람으로 보이기 시작합니다. 이 사람 강의도 마찬가지입니다. 100일도 공부하지 않고 어디 가서 아는 체를 하면, 상대가 당장은 듣고 혹할지 모르지만 조금 있으면 그대로 돌아와서 반사적으로 나를 치게 됩니다. 그렇기 때문에 이 사람의 강의는 공부해서 농축된 것만 써야 합니다.

그러면 어떤 것이 농축된 것이냐? 대부분의 사람들이 공부를 했다고는 하지만 그것은 들은 것입니다. 그래서 상대에게 말을 할 때는 이 사람이 말한 것을 그대로 옮겨서 말하면 안 됩니다. 상대에게 맞게 내 것으로 소화한 것을 전달해야 합니다. 이것이 농축된 것입니다.

이 사람에게 오는 인연이 다르고 당신이 마주할 인연이 다르다는 것을 알아야 합니다. 사람들이 같이 왔어도 이 사람에게 원하는 답과 당신에게 원하는 답이 다른 것입니다. 이 사람이 말한 그대로를 이야기할 것 같으면 이 사람에게 직접 듣는 것이 낫습니다. 상대는 당신이 생각하는 것을 듣고자 합니다. 모자라니까 당신에게 와서 당신의 생각을 듣고자 하는 것입니다. 그래서 당신이 생각하는 것을 이야기해도 통한다는 것입니다.

누군가가 당신에게 괴테에 대해서 묻는다면 책에 쓰여있는 이야기를 듣고 싶어 하는 것이 아닙니다. 그것은 책을 구해서 읽어 보면 될 일입니다. 만약 교수님께 괴테에 대해 물었다면 괴테에 대한 정보를 알려 달라는 것이 아니라 교수님이 괴테의 글을 읽고 정리한 내용을 들려 달라는 것입니다. 괴테가 언제 죽었는지는 자료를 보면 다 압니다. 그 말을 들으려고 교수에게 간 것이 아닙니다. 그러니까 무엇이든지 다른 사람에게 전달할 때는 내 것으로 소화해서 상대에게 맞게 대화를 해야 합니다. 흉내내서는 안 된다는 말입니다. 흉내를 내면 반드시 들통나고 나중에 다른 파장이 만들어져 나를 치러 옵니다.

QUESTION

그런데 내가 상대에게 답을 줄 때 정답인지 오답인지 잘 모릅니다. 만약 이때 오답이 나가서 상대가 잘못 받아먹게 되었다면 그 이후에 나타나는 반응은 어떻게 알 수 있습니까?

오답이면 내가 정확하게 느낄 수 있습니다. 답이 아니면 상대로부터 반응이 정확하게 나옵니다. 답은 상대에게 답이 되어야 하는 것이지, 나의 답이 되어서는 안 되는 것입니다.

이 사람 역시 마찬가지입니다. 지금 이 사람은 여러분들의 수준에 맞게 가르쳐 주고 있는 것입니다. 이 사람이 자연에서 배운 대로 말해 버리면 여러분들은 이해하지 못합니다. 그래서 여러분들의 수준에 맞게 풀어 주는 것입니다. 여러분들의 지식 정도를 알고, 이 가르침이 여러분의 생활에 얼마만큼 쓰일지를 알기 때문에 거기에 맞추어 풀어 주는 것입니다. 그래서 이 자리에 누가 오느냐에 따라 강의가 달라지는 것입니다.

다시 한 번 말하지만, 상대에게 말을 할 때는 상대가 이해할 수 있게 해야지, 내가 안다고 아는 것을 그대로 내놓으면 상대는 이해하지 못합니다. 이러한 원리를 조금 알면 대화할 때 상대의 기운을 단번에 읽을 수 있습니다.

나에게 뭔가를 물으러 오는 사람은 이 분야에 대해서 나보다 잘 모르기 때문에 오는 것입니다. 몰라서 오는 것이니까 내가 그냥 이렇게 저렇게 해도 가만히 듣고 있는 것입니다. 그러나 듣고 있었다고 해서 그것을 다 알아들었다고 생각하면 안 됩니다. 그냥 들은 것입니다.

들은 것과 이해가 되어서 쓸어 마신 것은 다릅니다. 오고 가는 기운이 다르다는 말입니다. 멍한 상대에게는 내가 지껄인 것입니다. 그러니까 이야기를 다 해 주어도 아무런 반응이 없는 것입니다. 그때는 상대에게 이야기해 놓은 것이지 상대에게 먹인 것이 아닙니다. 그런 경우는 상대도 잘 모르니까 당신이 하는 말을 그냥 들어 놓은 것입니다. 그래서 감흥이 없고 맹물 흐르듯 되는 것입니다. 기운이 움직이지 않는다는 말입니다. 그러다 보니 부담은 가지 않습니다.

그런데 조금 더 깊게 대화를 했을 때 상대가 이해되지 않으면 반응이 딱 나옵니다. 벌써 얼굴에 나타납니다. 칠성판인 얼굴에 딱 표시가 난다는 말입니다. 자세히 보면 안색도 달라지고 얼굴에 핏줄도 들어갔다 나왔다 하며 핏줄 색깔도 달라집니다. 안색이 시푸르죽죽했다가 이해가 되면 화색이 돌고 눈동자도 달라집니다. 눈동자가 반짝반짝 살아 있습니다. 이런 것이 다 보입니다. 그러나 이해되지 않으면 뭔가 이상해집니다. 대화 중에 기운이 돌지 않아 오만 짓을 다 하게 됩니다. 신경이 곤두

서게 되니까 손으로 눈도 만졌다가 얼굴을 살살 긁었다가 오만 짓을 다 하는 것입니다. 역반응이 온 것입니다.

이야기를 하다 상대가 그런 행동을 할 때는 얼른 대화를 중단해야 합니다. 내 기운이 들어가지 않고 있기 때문입니다. 그러나 대화를 아주 마음에 들게 하면 상대가 빨려 들어옵니다. 너무 좋으니까 들어오는 것입니다. 대화 중에 고개를 까딱까딱하면서 기분 좋을 때 하던 버릇들이 다 나옵니다. 지금 내가 하는 말이 옳고 이해가 간다는 것입니다. 이야기하는 것이 이해가 된다고 "응, 응." 하면서 추임새를 넣기도 합니다.

대화를 할 때는 내가 아는 것을 무조건 꺼내 놓으면 안 됩니다. 지금 상대가 원하는 것을 해 줄 수 없다면 그냥 대화를 해야지, 내 것을 주입시키려고 답을 꺼내 놓으면 이것때문에 받쳐서 나에게 역으로 돌아온다는 사실도 알아야 합니다.

만약 대화만 했다면 상대가 나에게 다시 물으러 오게 되어 있습니다. 그런데 상대에게 내 것을 주입하려고 하면 들어가다가 뭔가 갑갑해집니다. 그러면 그다음부터 묻지 않게 되고 나중에는 아예 입을 닫아 버립니다. 그런데 거기에 또 내 주장을 하면 갑갑함이 또 얹혀지고 또 주장하면 또 얹혀집니다. 그러다 다음에는 상대가 나에게 아예 오지 않게 됩니다. 그러니까 내 것을 주입하는 것보다 대화를 하는 것이 좋습니다.

대화를 할 때는 지켜야 할 원칙이 있습니다. "내 생각은 이러한데 당신은 어떻게 생각합니까?" 이것이 대화입니다. 대화와 가르침은 다릅니다. 가르침은 너에게 맞게 내 것을 주입하는 것입니다. 내가 힘을 실어서 가르쳐 준 것을 다행히 상대가 받아먹으면 상대는 힘이 생깁니다. 상대에게 힘이 생기면 나도 그만큼 힘을 받습니다. 그러면 내 힘이 더 커지게 됩니다.

그런데 이 사람이 볼 때는 대화해야 하는 수준인데 가르치려고만 합니다. 내가 아는 것으로 "이것은 이런 것이다."라고 이야기하는데 그것은 나의 답이지, 저 사람에게 맞는 답이 아닙니다. 그래서 부딪치는 것입니다.

대화를 하면서 주입하려고 드는 것은 가르치려고 하는 것입니다. 그러면 상대를 밑으로 보았다는 것이기 때문에 여기서 부딪치게 됩니다. 우리가 상대를 만났을 때 대화할 수준이 있고, 가르쳐야 할 수준이 있습니다. 이런 것을 잘 살펴보아야 합니다.

이 사람에게는 대화를 할 수준의 사람이 없습니다. 그래서 가르침을 받고자 한다면 무엇이든지 물으러 오라는 것입니다. 이 사람은 대화할 사람을 찾지 않습니다. 나는 누구와도 대화할 상대가 없음을 알고 나의 가르침을 받을 사람들에게 가르침을 주기 위해서 나온 사람입니다. 그래서 '스승'이라고 하는 것입니다.

선생은 대화할 상대가 분명히 존재합니다. 선생은 이 분야의 선생도 있고 저 분야의 선생도 있고 오만 분야에 선생이 있기 때문에 선생끼리 가르치려고 들면 안 됩니다. 학생도 나에게 배우고자 하는 학생만 가르쳐야 하는 것입니다. 나를 찾지 않는 학생에게는 가르치려고 들면 안 됩니다. 나를 찾지 않는 학생과는 대화를 해야 합니다. 이러한 원리도 조금 알면 좋습니다.

나에게 배우기 위해 찾아온 사람에게는 내가 가르쳐도 되지만, 배우려고 오지 않았는데 학생이라고 무조건 가르치려고 든다면 반발을 합니다. 돌아서면서 "지가 뭔데?"라고 합니다. 앞에서는 "예, 예." 해놓고 돌아서면 바로 무시하게 됩니다. 그러니까 선생이라고 거만을 떨면 정확하게 다치게 됩니다. 스승은 절대 거만하지 않습니다. 스승은 항상 겸손하고 상대를 바르게 대합니다.

QUESTION

상대가 제 말을 잘 받아먹었을 때 제가 고마운 마음이 생긴다고 하셨는데, 이때 자칫하면 상대를 편애하게 됩니다. 그럴 때 어떻게 마음을 다스려야 하며, 왜 그런 마음이 드는 것입니까?

내 말을 잘 들으면 편애합니다. 내 말을 잘 듣고 이해를 잘하고 고마워하면 그 사람을 잘 봐줄 수밖에 없습니다. 그것은 자연스러운 것입니다. 그런데 잘 봐줄 때는 어떻게 해 주는 것이 진짜 잘해 주는 것인지를 모르는 것입니다.

너무 친절하게 해 주는 것은 잘해 주는 것이 아닙니다. 우리는 친절하고 상냥하게 해 주는 것이 잘해 주는 것인 줄 아는데, 그렇게 해 주면 상대가 자신의 처지를 망각하고 기어 올라옵니다. 지금 내가 무엇을 잘못하고 있다는 것을 상대가 정확하게 가르쳐 주는 것입니다.

냉철해야 합니다. 내가 진짜 상대를 위할 때는 가만히 지켜보면서 본 듯 안 본 듯 해야 합니다. 그래야 스스로 열심히 일할 수 있게 됩니다. 열심히 일하고 공부하며 스스로 할 것을 할 때 잘되는 것이지, 내가 상대를 너무 좋게 대하면 일은 하지 않고 놀아 버립니다. 그러면 상대가 잘되지 않습니다. 나와 노는 것이 좋아서 지내다 보니 시간도 낭비하고 공부도 되지 않는 것입니다. 그러면 상대에게 도움이 되지 않습니다.

내가 상대에게 잘해 주고 편애하는 마음이 생기면 기준을 잡아야 합니다. 잘해 주는 것은 내 할 일을 열심히 하면서 뒤에서 조용히 지켜봐 주는 것입니다. 상대가 자기 일을 열심히 할 수 있게 환경을 만들어 주는 것입니다. 그렇게 하다가 어느 정도 시간이 지나 힘들어 할 때 어려움에 대한 원리를 따주고 도와주면 됩니다. 열심히 해야 할 때는 열심히 하도록 환경을 자꾸 만들어 주는 것이 그 사람을 돕는 것입니다.

내 말을 잘 듣는 사람을 도와야 합니다. 내 말을 듣지 않는 사람은 신경을 쓰지 않아야 하고 내 말을 잘 듣는 사람은 신경을 써서 인재를 만들어 내야 합니다.
그러나 지나치게 상대를 편애하는 것은 지금 내 감정에 너무 젖어 있는 것입니다. 지식만 갖추다 보니까 감정조절을 하지 못하고 있는 것입니다. 감정을 조절하는 것도 바르게 배우기 시작하면 가능합니다. 지식이 모자라 사회에서 일어나는 일들을 처리하지 못하는 것이 아닙니다. 어떻게 처리해야 하는지 원리를 모르는 것입니다. 지식은 다 갖추어 놓았으니 이 지식의 힘을 어떻게 발휘할 것인지를 알면 됩니다. 이해됩니까?

QUESTION

윗사람이 아랫사람에게 어떤 이야기나 업무적인 부분을 말해 주고 나서 "알아들었냐? 이해됐냐?"라고 하는 사람과 다시 일일이 이야기를 하는 사람이 있습니다. 그럼 이런 경우도 상대방이 이해하지 못했다는 것을 스스로 나타내는 것입니까?

업무를 다시 섬세하게 처리하려고 하는 사람부터 봅시다. 이런 사람은 내가 말은 했지만 상대가 모두 이해하지 못했을 것 같아서 한 번 주입시켜 놓고 다시 정리를 해 주려고 하는 것입니다. 그런데 내가 정리를 해 주면 이해가 될 것이냐? 그렇지 않습니다.
이럴 때는 그만큼만 하고 다음에 다시 의논할 기회를 만들어야 합니다. 상대가 정확하게 이해하려면 세 번은 들어야 합니다. 처음에 한 번, 그다음에 한 번, 그다음에 또 한 번 이렇게 세 번은 정리가 되어야 정확하게 들어갑니다.

그런데 한 번만 이야기를 해 주고 "알아들었나?" 하면 상대가 "예, 알아들었습니다."라고 대답을 하더라도, 그것은 들었다는 것이지 이해했다는 것은 아닙니다. 이야기를 하니까 내가 귀를 열고 있으니 들었다는 것입니다. 다른 생각 없이 지금 듣고 가는 것일 뿐 무슨 말을 하는지를 다 이해해서, 이 일을 정확하게 잘할 수 있다는 것은 아닙니다.
들었으면 된 것입니다. "일단 잘 들었으니까 가서 이렇게 해 보고 무언가 미진한 것이 있으면 다시 와서 질문해라." 하고 돌려보내야 합니다. 한 번 듣는 것은 부족하게 되어 있습니다. 30%는 그냥 들어 놓는 것이고, 70%는 조금 이해를 한 것입니다. 100%는 완벽하게 일을 처리할 수 있는 것입니다. 그렇기 때문에 조금 이해했다고 해서 일을 다 처리할 수 있는 것은 아닙니다. 아직 30%가 모자라다는 것입니다.

이야기를 듣고 가는 것은 30%를 흡수하고 가는 것입니다. 듣고 가서 일을 하면 문제점이 드러나게 되어 있습니다. 이때 다시 찾아와서 물어야 합니다. 그러므로 내가 상대에게 일을 처리하는 방법을 설명했으면 상대가 알아들었는지를 되물어야 합니다. 알아들었다고 하면 가서 해 보고 조금이라도 문제가 있으면 다시 물으라고 해야 합니다. 이것이 정확한 것입니다.
그렇게 해서 다시 물으러 왔을 때, "그래서 내가 이렇게 하라고 말했던 것이다."라고 다시 설명해 주면서 "전에 내가 하는 말을 알아들었는지 물었던 것이 이런 것들이다."라고 알려 주어야 합니다. 이때는 아무것도 모른 상태에서 들었던 첫 번째 설명보다는 직접 해 보면서 부딪친 경험을 가지고 찾아왔기 때문에 조금 더 이해가 되는 것입니다. 두 번째는

"그러면 이런 방법으로 해 보고 만일에 조금이라도 문제가 생기면 다시 와서 의논하자." 이러면 "예, 알았습니다." 하고 기분 좋게 돌아갑니다. 그러고 나면 "이러면 됩니까?"라고 정확하게 한 번 더 물으러 오게 되어 있습니다. 이럴 때 "참 잘했네. 잘했는데 이것은 이렇게 하면 더 좋겠지?"라고 문제를 딱 짚어 주면 30% 빠진 것이 정확하게 나옵니다. 그러고 나서 "가서 해봐."라고 하면, "예, 알겠습니다." 하고 웃으며 나갑니다.

그렇게 돌아가면 완벽하게 해서 다시 검사를 받으러 옵니다. 이렇게 하면 합격입니다. 다시 볼 것도 없습니다. 흠 잡을 데가 없다는 말입니다. 이것은 대자연의 원칙대로 일을 처리했을 때를 이야기하는 것입니다. 상사는 부하를 이렇게 이끌어 주어야 합니다.

정법을 **알고도**
그럴 사람은
없습니다!

정법강의 202강

사랑 확인

강의일자: 2012. 01. 15.

QUESTION

"사랑을 확인하려고 하지 마라."라고 하셨는데, 지내다 보면 사랑이나 관심을 확인하고 싶어지고 상대가 나를 보아주었으면 하는 생각이 듭니다. 이런 생각은 어른스럽지 못한 것 같은데 어떻게 하면 바로잡을 수 있습니까?

어른이 아니니까 어른스럽지 못한 것입니다. 어른이 아닌데 어른스러우려고 하는 자체가 잘못된 것입니다.

사랑을 확인한다는 것은 지금 내가 모자라다고 이야기하는 것입니다. 사랑은 확인하여 얻어내는 것이 아니라 자연적으로 일어나는 것입니다. 그래서 내가 상대에게 사랑을 얻어내려고 하는 것은 욕심입니다. 사랑은 얻어내려 하지 않아도 나의 행동에 따라서 상대가 나를 사랑하게 됩니다.
그렇게 되면 정확하게 아주 충만하고 기뻐집니다. 그런데 사랑을 자꾸 확인하고 있다면 내가 지금 어떤 상태인지를 점검해 보아야 합니다. 만약 그런 상태라면 바로 '나는 지금 고프고 목말랐다'는 것입니다.

내가 사랑에 목마르고 사랑이 고프다는 것은 '내가 실력이 없어서 파트너에게 내 할 일을 하지 못했다'는 것을 정확하게 알려 주고 있는 것입니다. 내 할 일을 하지 못하면 상대와 가깝지 않음을 분명히 감지하게 됩니다. 그러니까 사랑하는지를 자꾸 확인하려는 것입니다. 그렇게 하는 순간에도 시간은 흘러가 또 자신을 갖추지 못하고 있는 것입니다. 거기에만 주파수가 꽂혀 있으니까, 자신을 갖추어야 할 시간을 낭비하고 있는 것입니다. 그렇게 시간이 더 지나가면 조금 더 목말라집니다.

이러한 현상이 계속 누적되면 나중에는 "달링~ 나를 사랑해? 사랑해?"라고 하다가 정확하게 헤어지게 됩니다. 처음에는 마음을 맞추어 주려고 "어, 사랑해."라고 하지만 사랑한 적이 없습니다. 누구도 사랑을 확인하는 사람을 사랑하지 않습니다. "달링, 나 사랑해?"라고 물을 때 "그래 사랑해!"라고 하는 사람은 절대 사랑하지 않는데 말만 그렇게 해 주는 것입니다. 그래서 그 말에 속는다면 등신입니다. "사랑해?" 하고 물었을 때, "사랑해."라고 대답하는 사람 있지요? 그 사람은 지금 뒤에서 딴 짓을 하는 농도가 조금씩 심해져 가고 있는 중입니다.

이렇게 자꾸 매달리면서 "사랑해? 사랑해?"라고 확인하고 있다면 이 사람은 나와 지금 멀어지고 있는 중이라는 것을 알아야 합니다. 앞에서만 가까운 척을 해 주고 있는 것입니다.

왜? 지금 다른 곳으로 갈 수 있는 여건이 만들어지지 않은 상태니까 내 옆에 있는 것입니다. 다른 곳으로 갈 수 있는 여건이 무르익으면 정확하게 떠납니다. 그 이유는 "달링, 사랑해?" 하는 소리가 상대에게는 아주 징그럽게 느껴져 불로 지지는 소리같이 들리기 때문입니다. 그렇게 하면 정확하게 "떠나라, 떠나라." 하는 것입니다.

나를 갖추지 않고 내 할 일을 바르게 하지 않는데 나를 사랑해 주는 법은 없습니다. 묵묵히 내 할 일을 하고 모자란 것을 갖추면서 노력하고 있으면 나를 사랑할 사람이 정확하게 옵니다. 그때는 나를 사랑하고 있는지를 묻지 않아도, 눈만 보아도 그냥 알게 됩니다. 그때는 "달링, 조금 덜 사랑해 주세요. 달링~ 너무 사랑하면 내가 어떡합니까?" 하게 됩니다.

자꾸 사랑을 확인하는 것은 자신이 지금 어떤 상태인지도 모르고, 병의 농도와 병명도 모르고 행동하는 것입니다. 이대로 가면 나중에는 미치도록 어려운 길로 가게 됩니다. 집을 나서는 남편에게 "달링~" 하고 손을 흔들면 남편이 같이 손을 흔들어 주다가 보이지 않는 곳에 가서는 얼른 다른 여자를 차에 태워갑니다. 모르고 속으면 무식한 사람이니 이런 것도 하나씩 알아야 합니다.

매달리지 마십시오. 매달릴 시간에 자신을 갖추십시오. 요즘 자신을 갖출 수 있는 환경이 얼마나 좋습니까? 남편이 일하러 나가면 남편에게 인사를 잘하고 들어와서 설거지를 얼른 하십시오. 설거지를 하고 있다는 것은 아직까지 실력을 쓸 수 없는 사람이라는 것입니다. 그러니 설거지를 얼른 해 놓고 컴퓨터 앞에 앉아서 지식 사이트도 열어 보고, 세상 경제에 대한 정보도 좀 열어 보세요. 자꾸 열어서 보기만 해도 실력이 향상됩니다. 여자들은 경험을 하면서 아는 것이 아니라, 남들이 정리를 잘해서 내놓은 것을 쳐다보면 알 수 있습니다. 여자들은 컴퓨터 앞에 앉아서 공부하기에 최고로 좋은 조건을 가지고 있습니다.
그리고 인터넷으로 뉴스도 자꾸 보십시오. TV에서는 자기들에게 유리한 정보만 제공하지만 컴퓨터를 열어 뉴스를 보면 다른 뒷이야기도 전부 다 볼 수 있기 때문에 분별까지 딱 하게 만들어 줍니다.

우리가 컴퓨터를 잘 활용하면 우리의 모자람을 다 채울 수 있습니다. 컴퓨터에 들어가면 모르는 지식을 전부 다 갖출 수 있는데, 왜 컴퓨터를 멀리합니까? 컴퓨터에 들어가서 게임이나 고스톱 같은 것을 하지 말고, 정보검색을 하면서 세상 돌아가는 뉴스를 보고, 또 뉴스와 관련된 뒷이야기도 좀 찾아보라는 말입니다. 이렇게 하면 실력이 엄청나게 향상됩니다.
내가 이런 식으로 갖추고 있으면, 갖춘 만큼의 일거리가 정확하게 옵니다. 남편이 일거리를 물고 들어오든, 친구가 가지고 들어오든, 내가 갖춘 만큼 일거리가 정확하게 들어온다는 사실입니다. 정확한 인연법으로 일거리가 오게 되어 있습니다. 그러면 주어진 일을 바르게 하면서 욕심내지 말고 또 공부를 하십시오.

실력을 쌓아 놓은 사람을 그냥 놀게 하는 법은 절대 없습니다. 실력 없는 사람이 노는 것이지, 실력 있는 사람은 놀지 않습니다. 공부 중인 사람은 있어도 실력 있는 사람이 노는 법은 없습니다. 공부하는 것은 노는 것이 아닙니다.

"달링~ 사랑해?" 하면서 사랑을 확인하지 마십시오. 사랑을 확인할 시간에 내 실력을 쌓으십시오. 正

정법강의 163-165강

고집은 고집이 아니다

강의일자: 2011. 02. 13.

QUESTION

상대방의 고집 때문에 힘듭니다. 고집은 어떤 것들이 모여 형성되며, 고집이 일어나지 않게 하는 방법과 자신이 '아, 이것이 나의 고집이구나'라고 빨리 알 수 있는 방법을 알고 싶습니다. 그리고 고집은 반드시 상대적인 것인지 여쭙고 싶습니다.

정법강의 163-165강 고집은 고집이 아니다

사람들이 '고집이 세다'라고 말하는 사람들을 이 사람이 많이 만나 보았는데 그 사람들은 고집이 세지 않았습니다. 고집이라는 단어는 있어도, 이 사람은 고집부리는 사람은 보지 못했습니다.

왜 그러하느냐? 상대가 고집을 부리는 것처럼 보이는 것은 상대가 가진 개념 즉, 논리를 내가 바꿔줄 만큼의 실력이 없기 때문입니다. 다시 말해, 내 실력이 모자라는 것이지 상대가 고집부리고 있는 것이 아니라는 말입니다. 그래서 상대에게 고집이 세다고 하는 것은 내가 조금 약하다는 말과 같은 것입니다.

그러면 지금 나는 고집이 있는가를 짚어 보면 고집이 없다는 것입니다. 누군가가 나를 일깨워서 나의 사고에서 벗어날 수 있도록 잘 설명해 준다면, 고집을 부릴 수 없게 되어 있습니다. 인간은 동물과 달라서 무엇을 이해하고 소화하는지에 따라 성장합니다. 누구에게 배운다는 것은 내가 가지고 있는 개념이 혹시라도 잘못되었다면 그것을 뛰어넘기 위해서 공부하는 것입니다.
이런 공부의 양이 쌓여서 질로 변하고, 질이 더 고도로 좋아지면서 진화 발전하는 것입니다. 그러므로 우리가 무엇을 진화 발전시키기 위해서 가는지를 한번 생각해 보아야 합니다. 진화 발전의 끝은 생각의 수위가 아주 지적인 데까지 가는 것입니다. 진화 발전은 인간이 어떤 분별을 일으켜 그 분별로 최고 지적인 수준까지 가는 것이 그 종점입니다. 진화 발전의 수준이 굉장히 높다면 말하는 질량에서 표시가 납니다. 그래서 세계 각국의 언어와 우리 민족의 언어를 잘 살펴보면, 국제사회에 있는 그 어떤 언어도 이 민족의 언어 표현력을 따라갈 수 없습니다.

우리를 우수한 민족이라고 하는 것도 이런 이유 때문입니다. 아주 다양하고 아주 세심한 부분까지 표현할 수 있도록 언어가 발달되어 있기 때문입니다. 국제사회는 아직 이 민족처럼 풍부하게 언어를 구사하지 못합니다. 그런데 언어와 표현력이 발달되어 있는데도 왜 아직 인류의 지도자가 되지 못하느냐? 쓸 줄을 모르기 때문입니다. 우리는 조상으로부터 진화 발전해 온 언어를 물려만 받았지, 이것을 계속 발전시키면서 무언가 한 일이 없습니다. 아직까지 아무것도 하지 않았다는 것입니다.

우리 민족이 진짜 일을 할 때는 어떤 일을 하느냐? 인류에 득 되는 일을 합니다. 이것이 뿌리민족인 우리 민족이 해야 할 일입니다. 뿌리는 나뭇가지와 둥치를 위해서 일을 하는 것이지 뿌리를 위해서 일하지 않습니다. 가지는 가지를 위해서 일을 하고, 둥치는 둥치를 위해서 일을 하는데 뿌리는 뿌리를 위해서 일을 하지 않는다는 것입니다. 그런데 이때까지는 일한 적이 없기 때문에 국제사회에 드러나지 않았던 것입니다.

어떤 분은 "우리도 국제사회에 많이 알려졌지 않습니까?"라고 하겠지만, 이것은 이 나라에서 월드컵이나 올림픽을 하면서 나라의 이름만 드러난 것입니다. 우리가 인류에 필요한 일을 해서 드러난 것은 아닙니다. 지금 미국이 국제사회에 드러나죠? 그것은 미국이 달에도 가고 제품도 개발해서 펼쳐내니까 인류가 미국을 아는 것입니다. 미국을 알리려고 해서 인류가 미국을 아는 것이 아니라는 것입니다.

그런데 아직까지 우리는 인류를 위해 무언가를 하지 않았습니다. 국제사회가 만들어 내놓은 것을 조금 더 좋게 만들어서 팔아먹기만 했지, 아직까지 국제사회에 한 일이 없다는 것입니다. 진짜로 국제사회를 위해 일하기 시작할 때 우리가 누구인지를 세상에 공표하게 되고, 그때 국제사회가 우리를 알게 될 것입니다.

다시 돌아가서, 우리가 고집이 있다는 생각에서 벗어나야 합니다. 그리고 상대가 주장을 계속 꺾지 않을 때는 이유가 있다고 보면 됩니다. 계속 주장하고 있다면 상대에게는 지금 이것이 옳기 때문이지 아닌데도 주장하는 것이 아닙니다.

이것을 바꾸는 방법은 두 가지가 없습니다. 내 공부를 찾아서 해야 합니다. 사고가 바뀌려면 나에게 정보가 더 들어와서 업그레이드가 되어야 합니다. 그렇지 않으면 바뀌지 않습니다. 상대를 이해시키지 못하면서 맞다고 주장해서는 상대가 바뀔 수 없는 것입니다. 그것이 인간입니다. 그러나 이해를 시켜주면 딱 넘어가는 것도 인간입니다.

앞으로 그런 것들이 처리가 되지 않을 때는 내 주장을 하지 말고 입을 닫아야 합니다. 상대를 이해시키지 못하면 입을 닫아야 한다는 말입니다. 내 것을 주장하면 또 고집쟁이가 되니까, 입을 닫고 내 일을 열심히 하면서 추이를 보아야 합니다.

다시 한 번 말하지만, 상대가 고집을 꺾지 않으면, 상대는 그냥 놓아두고 입을 닫고 내 일을 열심히 하십시오. 상대의 일에 너무 관심을 갖지 말라는 것입니다. 친구가 되었든 부부가 되었든 금이 가는 이유는 서로가 주장을 하기 때문입니다. 주장하지 마십시오. 주장이라는 것은 내가 모자랄 때 하는 것이고, 모자랄 때 밀어붙이는 것입니다. 이것은 나쁜 버릇입니다. 말을 할 때 내가 상대에게 이해되지 않도록 말을 하니까 더 주장을 하게 되고, 그러면 고립되는 것입니다. 이런 것은 서로의 사이를 멀어지게 하는 시초가 됩니다. 몇 마디 해서 상대를 이해시키지 못할 때는 상대에게 주장하지 말고 다시 생각해 보아야 합니다.

관계가 나빠지는 것은 경제 때문이 아니라 말이 통하지 않기 때문입니다. 말만 통하면 모자라는 경제도 저절로 오게 됩니다.

음양이 조화를 이루면 안 되는 것이 없는 세상입니다. 음양이 조화를 이루지 못하면 항상 모자라는 상태로 살아야 합니다. 둘이 만나 조화를 이루면 없던 에너지도 만들어집니다. 인간은 대자연에 있는 모든 것을 운용할 수 있습니다. 내가 정신이 살아있고 상대에게 매끄럽게 소화되도록 말을 하면 에너지를 불러들입니다. 이것이 사람에게만 있는 힘입니다. 심지어 우주에만 있는 물질도 불러들일 수가 있습니다.

예를 들어 지구에 없는 물질이 지금 필요합니다. 이때 염원을 담아서 지구에 없는 물질을 개발하려고 하면 어떤 일이 벌어지느냐? 지구 밖에 있는 운석이 날아 옵니다. 자기 궤도를 가고 있던 운석이 궤도를 이탈해서 지구로 날아 온다는 말입니다. 사람의 정신이 과학을 뛰어넘어 대자연을 운용한다는 사실을 알아야 합니다. 운석 안에는 지구에 필요한 물질이 있는데, 이것이 결정적으로 필요할 때 이 염원을 가지고 하늘을 보며 계속 연구하면, 운석이 지구로 날아오게 됩니다. 이 운석이 지구에 필요한 것을 가지고 옵니다.

날아온 운석이 또 어떤 역할을 하느냐? 혼내 주어야 할 사람들이 모여 있는 곳에 떨어집니다. 그렇게 되면 그 사람들은 죽거나 다치지만 지구에는 득이 되는 것입니다. 이것이 대자연에서 하는 일입니다.

운석이 떨어진 곳에는 사람들이 죽었으니 난리가 나겠지만, 다른 쪽에서는 이 운석 때문에 득이 되는 것입니다.

이런 식으로 우리 정신이 살아있으면 못할 것이 없고, 뜻을 같이 하면 안 될 것이 없습니다. 뜻이 좋아서 잘 풀어내면 인연은 저절로 옵니다. 그리고 지금 만난 사람들과 뜻이 잘 맞아 웃으면서 부드럽게 잘 가고 있는데 경제가 필요하다면 경제를 이루어 놓은 사람이 끌려옵니다. 자기도 모르게 끌려오게 됩니다. 모자라는 부분을 채워주기 위해서 갖추어 놓은 사람이 오는 것입니다. 이렇게 합세해서 지금 부족한 부분이 채워지고 완성되는 것입니다.

아직까지도 돈을 벌어서 무엇을 하겠다는 낮은 생각을 가지고 있으면 안 됩니다. 오늘날의 우리 젊은이들은 내가 벌어서 성공하겠다는 생각을 하지 말고 나에게 오는 인연들과 소통을 잘해야 합니다. 대화가 잘 통하고 뜻이 맞도록 기운을 만들면, 내가 필요한 것들은 저절로 와서 형성됩니다. 그렇게 해야 빠른 시간 내에 순조롭게 발전합니다. 그런데 내가 얼마를 벌어서 무엇을 하고자 한다면 굉장히 늦어집니다. 이제는 그런 식으로 경제를 주지 않습니다. 경제는 이제 사람으로부터 이동합니다. 지금 내가 경제를 쫓는다고 해서 경제가 내 앞에 오지 않는다는 것입니다.

사람으로부터 이동하는 경제를 얻으려면 나를 맑혀야 합니다. 자신의 질량을 높여야 하고 내가 맑아야 합니다. 맑으면 내 주위에 사람이 한

명 옵니다. 그럼 그 사람과 뜻을 잘 맞추어야 합니다. 그렇게 해야 나에게 필요한 것이 오고 여기에서 또 맑히면 그다음 것이 옵니다. 한 사람, 한 사람이 입자입니다. 어느 정도 입자가 커지면 이제는 사방에서 몰려옵니다. 입자 하나가 아주 빛이 나면 또 다른 입자가 옵니다. 처음에는 한 개, 두 개가 오지만 나중에는 엄청나게 와서 붙게 되고 이제 큰 핵이 돌아가는 것입니다. 그렇게 해서 뜻을 이루어 내게 되어 있습니다.

고집은 멸도라고, 강의 속에 있을 것입니다. 이 사람이 묘한 말을 해놓았습니다. 고집을 부리면 멸망한다는 말입니다. 고집부리지 않기 위해서는 이러한 원리를 알아야 가능한 것입니다. 그러니 상대와 대화를 해서 무언가 조금 통하지 않을 때는 그것을 주장하려 들지 말고 그냥 입을 닫으십시오.

이 사람은 고집이라는 고집은 다 부려 본 사람입니다. 얼마나 고집이 세면 산에 죽으러 들어갔겠습니까? 그런데 이 사람이 산에 들어가서 고집이 있는가를 보았더니 고집이 없었습니다. 상대가 나를 이해시켜 주지 못해서 내가 성장할 수 없었던 것입니다. 이 사람은 이상적인 것을 추구하는데 상대는 현실에서의 자기 이득만 생각하면서 같이 가자고 하니 못 갔던 것이지, 그것은 고집이 아니었습니다.

또 뜻이 맞는 사람이 없으니까 죽으려고 했는데, 죽으려 한 것도 내 잘못이라는 것을 알았습니다. 상대가 나를 이해시키지 못하면, 내가 상대를 이해시킬 수 있어야 하는데, 이상만 높았지 상대를 이해시킬 실력이 없어서 스스로 고립되었던 것입니다. 이상만 높았지 나를 갖추지 못했다는 것입니다. 그래서 산에 죽으러 들어가 대자연 속에서 스스로 내 공부를 했던 것입니다. 이제는 세상에 나와서 그 누구와도 대화를 할 수 있습니다. 그 어떤 것도 이해시켜 줄 수 있는 실력이 있기 때문에 내 고집이 없어지게 된 것입니다.

상대를 이해시킬 수 있다면, 내가 고집을 부리지 않게 됩니다. 상대가 이해하지 못하는 것을 자꾸 주장하면 나는 상대에게 고집이 센 사람이 됩니다. 내 실력이 낮아서 고집이 되고, 상대도 실력이 낮아서 고집이 되었던 것입니다. 이럴 때는 상대를 이해시키지 못하는 내가 실력을 갖추기 위해 노력해야 합니다.

그러면 실력은 어떻게 갖추느냐? 많은 것을 알아야 합니다. 지금은 일반적인 실력을 갖추려면 인터넷이 최고입니다. 어디를 찾아 가서 묻지 마십시오. 찾아 가서 묻기보다는 인터넷에 들어가서 알고 싶은 것을 그냥 치면 됩니다. '고집이란 무엇인가?' 하고 치면 무엇인가 나옵니다. 글만 치면 다 나옵니다. 참 재미있는 세상입니다. 이런 것도 나올까 싶겠지만 엄청나게 많은 글이 나옵니다. 조금 덜 나왔다 싶을 때는 다른 글을 하나 더 붙여서 치면 더 많은 글이 나옵니다. 인터넷에 들어가서 물으십시오. 그러면 내가 필요한 것들이 나옵니다. 인터넷을 자주 들여다보면서 문제를 해결하는 것이 최고의 지름길입니다.

앞으로는 지식을 전부 다 공유하는 세상입니다. 그래서 인터넷으로 모두 나오는 것입니다. 개개인이 갖춘 모든 지식은 전부 인터넷으로 나오는 세상입니다. 내가 혼자 가지고 있으면 고립되기 때문에 내가 이룬 지식을 공유해야 합니다. 그래야 남이 이루어 놓은 지식도 공유할 수 있고 얻을 수 있는 것입니다. 내 것을 고집하면서 내가 이룬 것을 붙들고 있으면 남의 것도 공유할 수 없습니다. 인터넷에 내 것을 마음껏 내놓고 남이 마음껏 쓰게 할 때, 남의 것도 나에게 흡수되는 것입니다.

이때까지는 이루고 갖추면서 전부 다 개개인이 가지는 사회였다면, 앞으로는 이루어 놓은 것을 전부 다 내놓는 사회입니다. 내놓고 같이 나누어 먹으라는 것입니다. 무엇이든지 내놓고, 필요한 것을 하나씩 나누어 먹자는 것입니다. 내가 내놓은 요리를 다른 사람이 잘 먹는 것을 보면서 기뻐하는 세상이 오고 있습니다. 무엇을 이루었든지 간에 내 것이 없음을 알아야 합니다. 지금 내가 갖춘 지식은 전부 다 모든 조상들과

윗세대 분들이 이루어 놓은 것을 흡수한 것입니다. 거기에 내 생각과 나의 에너지가 조금 더 섞여있는 것일 뿐 이것은 내 것이 아닙니다. 그래서 앞으로 내가 이루어 놓은 것을 내 것인 줄 알고 붙들고 있는 자는 굉장히 힘들어지고 고립될 것이며, 이것을 빨리 깨치고 공유하는 자는 엄청나게 발전할 것입니다.

세상에 만들어 놓은 것을 바르게 쓸 줄 모른다면 우리는 발전이 없습니다. 남의 것을 남의 것이라고 생각하지 말라는 것입니다. 지식은 남의 것, 내 것이 없습니다. 이룰 때는 저마다 소질을 가지고 내 분야를 이루지만, 다 이룬 것은 남이 잘 써 줄 때 빛나게 됩니다. 남의 것도 내가 잘 써 주어야만 남을 빛내 주는 것입니다. 그렇게 할 때 우리는 고집이 없어집니다.

지금 고집부리는 사람들은 대체적으로 내 것에 대한 욕심이 많은 사람입니다. 내 것을 꽉 쥐고 있는 사람이 욕심을 내려 놓으면 고집이 없어집니다. 그런데 어떻게 욕심을 놓을지 방법을 모르는 것입니다.

앞으로는 무엇이든지 인터넷에 내 것을 꺼내놓을 줄 알고, 다른 사람의 것을 가져와서 쓸 줄 아는 사람이 되어야 합니다. 이제는 인터넷에서 다 운용합니다. 조금 있으면 인터넷은 스마트폰 시대로 갑니다. 인터넷을 컴퓨터로 하면 한정된 공간에서만 가능하기 때문에 앞으로는 손바닥에 놓고 인터넷을 하라는 것입니다. 휴대폰에 인터넷 기능을 더해 어디에서든지 내 손안에서 정보를 꺼낼 수 있게 해 주는 것이 스마트폰입니다. 스마트폰 시대는 엄청나게 빠르게 성장합니다. 이제는 정보가 늦으면 뒤떨어집니다. 정보를 잘 활용할 줄 알아야 빨리 성장합니다. 앞으로 우리 젊은이들도 기본적으로 스마트폰 시대로 가야 합니다. 그렇지 않으면 시대에 뒤떨어지게 됩니다. 지금은 초등학교 3학년 학생도 스마트폰을 사주지 않으면 생떼를 쓰는 세상입니다.

이제는 우리가 고집을 다르게 생각하지 말고 뛰어넘자는 것입니다. 많은 정보를 습득하지 못해서 내가 생각한 것을 고착시키고 있는 것이 고집입니다. 그래서 내가 지금 고민하는 것이 무엇인지를 풀려면 먼저 인터넷에 들어가십시오. 사람과 먼저 풀려고 하지 말고 인터넷으로 먼저 들어가라는 것입니다.

1차적으로 인터넷에 들어가서 내가 고민하는 단어를 치면 여러 가지 정보가 나옵니다. 이렇게 먼저 정보를 어떻게 쓰는지부터 배우라는 것입니다. 인터넷 안에는 수많은 정보가 담겨 있습니다. 열어보지 않으면 그것이 있는지 없는지 조차 모르는 곳이 인터넷입니다. 먼저 인터넷에 들어가서 보고 정리한 것을 가지고 대화를 하면 풀립니다. 그런데 인터넷에 들어가 찾아 보지도 않고 말로만 풀려고 하면 풀리지 않습니다. 이것이 우리 젊은이들이 세상을 풀어가는 방법입니다.
내가 음식을 잘 못하는데 피자를 만들고 싶으면 인터넷에 들어가십시오. 인터넷에 들어가서 '피자 만드는 방법'을 치면 다 나옵니다. 고민하지 말라는 것입니다. 우리 젊은 사람들은 고민하면서 살면 안 됩니다.

인터넷은 젊은 사람들을 위해서 나온 것이지 연세 많은 분들을 위해서 나온 것이 아닙니다. 연세 많은 분들은 이때까지 세상의 모든 것을 생산하신 분들입니다. 이분들이 만든 것을 어디에도 줄 곳이 없어서 세상에다 준 것입니다. 그래서 이 인터넷을 만든 것입니다. 하느님이 컴퓨터를 빚은 데는 이유가 있습니다. 이것은 하느님의 작품입니다. 하느님의 작품은 우리가 알지 못하는 속에서 만든 것입니다.
인터넷에는 모든 정보가 다 들어올 수 있게 되어 있습니다. 우리가 이것을 활용하지 못한다면 우리에게 앞날은 없습니다.

이제는 생산해 놓은 것들을 어떻게 잘 쓰느냐에 따라 우리 젊은이들의 앞날이 달려 있습니다. 만약에 우리 젊은이들이 무턱대고 새로운 것을 개발하겠다고 하면, '미련한 놈'이 되는 것입니다. 새로운 것을 개발하더라도 인터넷에 들어가 정보를 모아서 개발해야 합니다. 그런데 인터넷은 열어보지 않고, 혼자 연구개발하고 있으면 나중에는 식상한 결과가 나옵니다. 몇 년 동안 열심히 했는데 인터넷에 들어가 보니까 이것보다 훨씬 더 좋은 것이 많은 것입니다. 그래서 미련하다고 하는 것입니다. 대답이 또 조금 광범위해졌는지 모르겠지만, 이 사람이 해 준 말을 잘 만져 보십시오. 다시 말하지만, 고집은 정보가 모자랄 때 생기는 것입니다.

정법강의 199강

어릴 적 친구

강의일자: 2011. 12. 28.

QUESTION

어릴 적 친구 즉, 고향 친구는 사회 친구와 달리 이해타산에 의해서 만난 것이 아닙니다. 그러면 이들은 허심탄회하게 만나도 됩니까?

그러면 안 됩니다. 안 된다고 하면 시골 사람들이 이 사람에게 돌멩이를 던질지도 모르겠지만, 절대 안 됩니다.

친구와 고향마을 사람은 다릅니다. '불알친구'라는 말이 있지요? 불알친구는 고향마을 사람입니다. 내가 고향마을에서 살 때는 같은 마을 사람이지만, 내가 성장하면서 조건이 달라지는 것입니다. 고향을 떠나 밖에서 성장한 사람이 있고, 고향마을에 계속 남아 있던 사람이 있습니다. 그러면 마을에 남아 있는 사람들끼리는 계속 동무로 지낼 수 있습니다. 왜? 수준이 같기 때문입니다. 그러나 밖에서 성장한 사람은 에너지를 먹은 것이 다릅니다.
에너지를 먹었다는 것은 백성의 피와 땀인 지식과 문물 등 여러 가지를 먹은 것으로, 우물 안에 있는 것이 아니라 밖으로 나가 세상을 누비면서 에너지를 먹은 것입니다. 그래서 이런 사람이 고향마을에 다시 왔을 때는 고향마을 사람들이 친구라고 하면서 대등하게 이야기를 나누면 안 됩니다.

그러면 어떻게 해야 하느냐? 밖에서 성장한 고향마을 사람이 고향에 오면 서로를 예우하고 존중해야 합니다. 더 이상 친구가 아니라는 것입니다. 밖에서 많이 갖추고 바르게 성장한 사람은 고향마을이든 다른 곳이든 어디를 가더라도, 심지어 거지를 만나더라도 상대를 존중합니다. 상대가 못 산다고 무시하지 않습니다. 거지도 존중하고, 시골의 어른도 존중하고, 아이들도 존중한다, 이 말입니다. 왜? 성장하면 할수록 아랫사람을 위해서 사는 사람이 되기 때문입니다. 그래서 시골 사람들도 밖에서 많이 갖추고 온 사람을 존중해야지 친구하자고 하면 안 되는 것입니다. 고향에 왔다고 옛날처럼 "에이구, 이놈아~ 같이 막걸리 먹으러 가자."라고 하면 안 된다는 것입니다. 혹시 양주나 포도주 같은 것을 들고 와서 우아하게 한 잔 하자고 하면 몰라도, 그렇게 하지도 않으면서 같이 놀자고 하면 안 되는 것입니다. 서로 예우하고 존중하면서 도울 일이 있다면 도움을 주고, 또 도움받을 일이 있으면 도움받는 것입니다.

또한 밖에서 여러 가지를 접하며 성장한 사람은 '아, 이 사람들에게 좋은 쌀을 농사 짓게 해서 이 마을이 자리 잡게 할 수 있겠다'는 생각으로 가르치고 이끌 수도 있습니다. 고향에 오면 고향에 도움을 줄 생각을 해야 합니다. 그래야 사람이 컸다고 할 수 있는 것입니다. 그렇게 하면서 마을 사람들을 존중하고, 마을 사람들이 할 수 있는 일을 지적知的으로 하게 해 주어야 합니다.

고향에 와서 며칠을 가만히 지켜보면, '아, 이렇게 해서 어렵게 사는 것이구나!' 하고 무언가 보이는 것이 있습니다. 밖에 나가서 많은 것을 익

힌 사람은 얼마든지 잘 살게 해 줄 수 있는 방법이 보이는 것입니다. 그 방법을 근기에 맞게 정리하고 설계를 해서 기분 나쁘지 않게 차근차근 이야기해 주면 마을 사람들은 "그렇게만 될 수 있다면야 좋지~"라고 할 것입니다. 그러면 "모자라는 것은 내가 이렇게 이렇게 할 테니까 같이 해보자. 마을이 잘 살아야지! 그리고 마을이 발전하려면 우리가 공부도 좀 해야 한다. 우리 마을에는 어느 부분이 부족하니 그런 것을 채울 수 있도록 도와 줄게."라고 말할 수 있어야 합니다.

이렇게 했을 때 밖에서 성장한 사람에게도 이득이 생기게 되고, 그 이득을 가지고 마을 사람들이 정신적으로 성장할 수 있도록 해 주면서 얼마든지 마을을 키워줄 수 있습니다. 이렇게 되면 그 사람들이 나에게 "야, 오늘 막걸리 한 잔 먹으러 가자."라고 하지 않습니다. 그런데 이렇게 하지 못하니까 똑같은 사람이 되는 것입니다.

예를 들어, 시골 출신의 대기업 회장이 고향에 갔다면 어릴 적 친구라는 사람들이 "야!" 이렇게 부를 수 있습니까? 그렇게 부르지 못합니다. 대충 성공했다고 뻐기는 사람들이 고향에 들어오니까 "야, 임마! 왔냐?" 이러면서 깎아 내리는 것입니다. 이것은 당연한 일입니다.

대기업 회장이 되었든지, 지식을 갖추어서 뜻있는 사람이 되었다면 함부로 시골에 가지 않습니다. 가더라도 함부로 대하지 못할 자리까지만 가는 것입니다. 그러면 내 소문이 퍼지게 되고, 그러면서 한 발 더 들어가는 것입니다. 고향에 가더라도 이렇게 신중하게 들어가야지, 잘못 들어가면 친구들에게 멱살 잡혀서 대번에 끌려 들어갑니다. 밖에서 성장할 때 바르게 컸다면 이런 것도 알게 됩니다.

우리가 바르게 성장했다면 어릴 적에 자란 곳이라고 그리워하지 않습니다. 내가 고향에 갈 때는 이유가 있어 가는 것이고 할 일을 하러 가는 것입니다. 그랬을 때 존중받습니다. 그래서 다 성장해서 고향마을 사람을 만날 때는 어릴 적 친구라고 하더라도 예전처럼 대하면 안 되는 것입니다. 이만하면 이해가 됩니까?

QUESTION

그러면 동창회에 자주 가는 것도 안 좋은 것입니까?

좋지 않습니다. 동창회는 한 번 가서 딱 둘러보고 '아, 잘못 왔다' 싶으면 얼른 빠져야 합니다. 모이는 것도 비슷한 사람들끼리 모여야지, 잘못 모이면 창피를 당합니다.

지금 질 좋은 외국산 포도주를 골라 마시면서 살고 있는 사람이 동창회에 잘못 가면 주는 대로 마셔야 합니다. 외국산 좋은 포도주를 들고 가면 눈치를 봐야 합니다. 그렇지 않으면 외국산 포도주를 모두 다 마실 수 있는 만큼 들고 가서 다 같이 마셔야 나도 편하게 마실 수 있습니다. 평소에 좋지 않은 것은 먹지 않는 사람이 싫은 것을 억지로 먹어야 한다면, 그 자리는 잘못 간 자리입니다. 먹는 척 하면서 수준을 둘러보고 다음부터는 두 번 다시 그 자리에 가지 말아야 합니다.

학교에 다닐 때는 수준이 같았기에 서로 친구가 될 수 있었지만, 학교 친구가 사회에 나와서는 절대 친구가 될 수 없습니다. 학교에서는 서로 수준이 달라도 같이 수학도 배우고 도덕도 배우면서 같은 것을 배우니까 친구가 될 수 있었습니다. 그러나 사회에 나와서는 같이 하지 않았습니다. 그런데 지금 서로 섞인다는 말입니까? 안 됩니다.

사회에 나와서도 고향 사람들이 살아온 방법대로 살아온 사람들이 있습니다. 이런 사람들은 서로 모이면 좋습니다. 그러나 만약 다른 수준에서 살았다면 절대 시골에 오면 안 됩니다. 그런데 이런 사람들도 망했다면 고향에 내려오게 되어 있습니다. 이런 원리를 알고 나서 동창회에 나오는 사람들의 유형을 가만히 살펴보십시오. 기운이 한 풀 꺾인 사람들이 동창회에 나온다는 것을 알 수 있습니다. 지금 동창회 레벨보다 잘나가는 사람은 절대 동창회에 나오지 않습니다. 잘나가다 한 풀 꺾여서 조금 외롭다든지, 왕따 비슷하게 당하고 있어야 동창회에 나옵니다. 조금 어려워져서는 절대 아래로 내려오지 않습니다. 그 자리까지 와서 겉으로는 잘나간다 하는데, 속을 들여다보면 똑같습니다. 지금 딱 그런 상태로 동창회에 나오는 것입니다. 그러나 그렇게 기운이 꺾인 사람이 아니면 한 번 딱 가 보면 자신이 올 자리가 아니라는 것을 바로 압니다. 기운이 맞지 않고 레벨이 맞지 않는데 어떻게 친구라고 이야기를 합니까?

친구는 항상 바뀝니다. 다시 말해, 친구는 고정되어 있지 않습니다. 오늘은 친구였다 하더라도 내일은 친구가 아닐 수 있습니다. 그러니 의리를 배신했다고 하지 마십시오. 지금은 통하지 않으면 친구가 될 수 없습니다. 친구가 되기 위해서는 낮은 쪽이 성장해서 레벨을 맞추어야 합니다. 돈이 있고 없고가 아니라 정신연령이 같아야 친구가 될 수 있는 것입니다. 이해됩니까?

정법을 알고도
그럴 사람은
없습니다!

정법강의 143강

부부 화합

강의일자: 2012. 01. 01.

QUESTION

부부 중 어느 한쪽이 사회에 뜻있는 일을 하려고 하는데, 다른 한쪽이 그 일을 반대하면 이런 경우는 부부화합을 무시하고 단독으로 처리해도 괜찮은지 여쭙고 싶습니다.

앞으로 가정에서 언제든지 일어날 수 있는 일이고 사회에서 지금까지 일어났던 일이기도 합니다.

화합의 기준을 알아야 합니다. 화합이 이루어지지 않으면 무조건 아무것도 하지 말라는 것이 아닙니다. 화합에도 척도가 있습니다. 부부간에 대화가 어느 정도 잘되면 서로 의논할 수 있습니다. 그런데 신용에 문제가 생기면 부부간에 어떤 대화도 되지 않습니다. 그러면 '대화가 되지 않을 때는 아무것도 못하겠네?'라고 생각할 수 있는데, 그렇지 않습니다. 말하지 않고 그냥 하면 됩니다.

우리가 가게를 하나 차린다고 합시다. 이때 친구에게 의논을 합니다. 왜 의논을 하게 되느냐? 지금 하고 있는 일이 무언가 불안한 것입니다. 정확한 이유는 모르지만 무언가가 부족한 것입니다. 그때는 의논할 사람을 찾게 되어 있습니다. 이때 의논할 상대를 찾아가서 의논을 했다면 그 사람이 말하는 것을 들어야 합니다. 만일에 그 말을 듣지 않고 단독행위를 한다면 무조건 망하게 됩니다.

친구나 부모님께 의논을 드렸는데 "그것은 하지 않는 것이 낫겠다."라고 반대를 합니다. 반대했는데도 한다면 100% 망합니다. 그렇게 해서 친구나 부모님 앞에 고개를 들지 못할 일이 생깁니다. 잘못했기 때문에 그런 일이 일어나는 것입니다. 그런데 부모님께 의논드리지 않고, 친구에게도 말하지 않고, 소리 소문 없이 그냥 했다면 어떻게 되느냐? 성공합니다. 성공하고 나서 사람들 앞에 나타나면 됩니다. 그리고 사정이 있어서 그동안 나타나지 못했다고 하면 "어, 그랬었나? 나는 몰랐다."라고 합니다. 이런 일이 정확하게 일어납니다.

결혼을 하더라도 부모님에게 말하지 않고 본인이 알아서 결혼하는 것은 괜찮습니다. 그런데 부모님께 배우자감을 소개시킨다면 우리끼리 하면 안 되는 무언가가 있기 때문입니다. 부모님의 힘이 필요하다는 것입니다. 그러니까 부모님께 소개시키는 것입니다. 그래서 "어떻습니까?" 하고 물었는데 부모님이 "그 사람은 안 되겠더라." 하고 반대를 했다면 정확하게 이 결혼은 하면 안 됩니다. 그런데도 결혼을 하면 100% 사고가 납니다.

두 사람이 진짜로 결혼을 하고 싶다면 부모님께 이야기하지 말고 무인도에 가서 결혼하면 됩니다. 그리고 아이를 낳아서 오면 부모님도 거절하지 못합니다. 이렇게 하면 성공합니다.
누구에게 의논을 했다면 그 사람 말을 분명히 들어야 합니다. 왜냐하면 상대를 존중해야 하기 때문입니다. 나의 일만 중요한 것이 아닙니다. 의논을 받아 준 상대의 시간과 상대가 나에게 해 준 말 한마디도 굉장히 중요합니다. 사람의 말은 에너지입니다. 누군가에게 의논하러 간다면 상대의 말을 듣기 위해서 가야 합니다. 의논을 해놓고 상대의 의견을 묵살할 것 같으면 처음부터 의논하지 말아야 합니다. 상대를 존중하라, 이 말입니다.

부부끼리 의논할 것이 있는데 서로 의논 상대가 되지 않는다면 혼자 알아서 해야 합니다. 흔히 우리는 배우자에게 왜 거짓말을 하느냐고 합니다. 거짓말하는 것은 나쁜 것입니까, 좋은 것입니까? 거짓말하는 것이 나쁘다고 하는데 거짓말은 좋은 것입니다. 거짓말만큼 좋은 것도 없습니다. 우리가 지금 거짓말을 잘못 분별하여 착각하는 것입니다.

그럼 왜 거짓말을 하게 되느냐? 바른 말을 하면 상대가 화를 낼 것이니까 바꾸어서 말하는 것입니다. 지금 환경이 거짓말을 하도록 빚어지면 정확하게 거짓말을 하는 것입니다. 이것은 자동으로 일어나는 것이지 일부러 꾸미는 것이 아니라는 사실입니다. 지금 거짓말을 하도록 환경이 빚어졌기 때문에 거짓말을 하는 것입니다.
자식들이 부모님께 거짓말을 많이 하죠? 왜 거짓말을 하겠습니까? 거짓말을 하고 싶어서 하는 것이 아니라 환경이 그렇게 빚어졌기 때문에 하는 것입니다. 내가 좋아하는 것을 하고 왔는데 부모님께 사실대로 이야기를 하면 대번에 화를 냅니다. 그러니까 부모님을 화나게 하지 않으려고 거짓말을 하는 것입니다. 이런 일이 몇 번 있다 보면 거짓말이 버릇이 되는 것입니다. 그러므로 내 자식이 거짓말을 한다면 왜 거짓말을 하는지 그 깊이를 먼저 알아보려고 노력해야 합니다. 지금 잘못된 환경이 만들어져 있다면 이것을 바로 잡으려는 노력을 해야 자식이 바르게 돌아옵니다.

그런데 "넌 왜 자꾸 거짓말을 하느냐?"라고 하면 할 말이 없는 것입니다. 거짓말을 할 수밖에 없어서 하는 것인데 그렇게 나무라기만 하면 할 말이 없는 것입니다. 그러면 다음에는 완벽하게 들키지 않도록 거짓말을 하는 연구를 하게 되어 이런 환경을 또 만드는 것입니다.

친구도 마찬가지이고 부부도 마찬가지입니다. 지금 부부가 서로에게 할 말을 하지 못하고 있다면 환경을 잘못 만들어가고 있는 것입니다. 이것을 빨리 직시하고 다스릴 생각을 해야 합니다. 그리고 다스릴 수 없을 정도로 도가 넘었으면 하는 것마다 안 되니까 의논해서 헤어지는 것이 좋습니다. 그대로 계속 가면 상대도 안 되고 나도 안 됩니다. 상대의 인생을 이렇게 붙들어 놓을 것인지, 또 20~30년을 붙들려서 내 인생을 썩히고 갈 것인지를 냉철하게 분별해 보아야 합니다.

지금 서로 맞출 수 없다면 상대가 좋아하는 방법대로 살도록 밀어주어야 합니다. 우리는 인생을 바르게 살 수 있는 길을 찾아야 합니다. 그래서 상대에게 어떻게 했으면 좋겠는지를 물어보고, 같이 못 살겠다고 하면 서로 의논해서 3년의 기간을 가져도 되고 이혼을 해도 됩니다. 이혼을 한다고 해도 자식이 있기에 완전히 남이 되는 것은 아닙니다. 이때 "3년 동안 따로 살면서 서로 노력해 보자. 서로를 구속하지 말고 서로가 모자라는 것은 없었는지를 생각해 보고, 서로의 방법대로 각자 한번 살아 보자." 하며 헤어지더라도 3년 동안은 '내 공부'를 해야만 합니다. 이것은 대자연의 법칙입니다. 3년 동안 공부도 하지 않고 서로 노력도 하지 않으면서 다른 사람을 만난다? 똥 무서워서 피한 놈은 정확하게 된 똥을 만납니다. 그러면 새로 만난 사람과도 다시 좋지 않은 일이 일어납니다. 한 번 실패해 놓고 또 실패를 하려고 하면 되겠습니까?

부부간에 의논이 되지 않는다면, 의논할 것을 한 번 만들어서 이야기를 해 보고 그래도 안 되면 어떻게 하면 좋겠는지 물어보십시오. 그리고 만약 서로 의논하는데 계속 부딪치면 혼자 하십시오. 의논하지 않고 혼자 두세 번 일을 처리하면, 죽어도 당신과는 같이 못 산다고 할 것입니다. 그러면 살지 말자고 하십시오. 죽어도 못 살겠다고 하는 사람과 살면 어떻게 되겠습니까? 큰일납니다. 상대의 인생도 생각해야 하고 내 인생도 생각해야 합니다. 내가 잘되려는 마음으로 헤어지지 말고 상대를 먼저 생각하라는 것입니다. 내 고집과 내가 가지고 있던 사고로 상대의 발을 묶지 말라는 것입니다. 그러면 내 인생도 묶이게 됩니다.

인간은 자유롭게 살아야 합니다. 그러려면 의논이 되는 사람과 살아야 합니다. 서로 의논이 잘되면 내 것을 다 주어도 괜찮습니다. 하지만 의논이 되지 않으면 하나를 주어도 아까운 것입니다. 결혼을 했으니까 자식을 봐서라도 그냥 살아야 하지 않겠느냐고 하는데, 자식도 그것을 원하지 않습니다.

부모가 인상을 쓰고 다투는 일이 많으면 자식도 풀리지 않습니다. 자식 인생까지 망치는 것입니다. 그러나 부모가 웃으면서 살면 자식은 저절로 잘 풀립니다. 자식이 인상을 쓰고 살면 부모가 풀리지 않고, 부모가 인상을 쓰고 살면 자식이 풀리지 않는다는 말입니다. 부모자식 간은 서로 빚고리로 묶여 있기 때문입니다. 어디 가서 "내 자식들이 잘되게 해 주세요" 하면서 찡그린 얼굴로 빌면, "우리 자식이 힘들어서 얼굴을 찡그리며 살게 해 주세요."라고 빌고 있는 것입니다. 어디 가서 "우리 자식은 정말 잘 안 풀려요." 하며 인상을 쓰면 자식이 풀리지 않게 해 달라고 축원하는 것입니다. 부모가 인상을 쓰고 있는데 자식이 풀린다?

절대 그런 법이 없습니다. 부모가 먼저 기운이 풀려서 신나고 즐거워야 자식도 스스로 풀리는 것입니다.

지금 인류가 남긴 모든 산물産物들의 부작용이 나오고 있는 것입니다. 인류가 살아오면서 경험한 것을 후손에게 물려주었는데, 그것이 모두 모순과 부작용을 만들어 왔던 것입니다. 이런 시대를 우리가 살고 있는 것입니다. 그러니까 잘못된 것을 상대의 탓으로 돌리지 마십시오. 이런 모순들이 나와야만 우리가 바른 것을 만들 수 있습니다.

지금까지는 모순이라는 재료를 생산한 것입니다. 이제 이 모순들을 가지고 바른 법칙을 만들어서 우리 후손들은 두 번 다시 인생을 허비하지 않게 해 주어야 합니다. 자손들이 한을 남기고 세상을 떠나지 않게 해 주는 것이 우리의 사명입니다. 2012년에는 잘못된 것들을 다시 짚어 보고 고리로 묶여 있는 모든 것들을 풀어서 정리해야 합니다. 그렇게 해서 2013년부터는 미래를 열어가는 시대를 맞이해야 합니다.

QUESTION

그러면 의논을 한다는 그 자체가 100% 확신이 없으니까 우리에게 있는 센서가 반응하여 저절로 나오는 행동이라고 이해하면 됩니까?

'부인에게 한번 물어보고 안 된다고 하면 그때 혼자 하면 되겠지'라는 생각은 절대 하지 마십시오. 내가 결정할 것이라면 처음부터 혼자 해 버리십시오. 이렇게 하는 것은 이루어집니다. 그런데 상대에게 물어서 반대하는 일을 하면 절대 이루어지지 않습니다. 부인에게 의논을 하니까 "그것을 해서 뭐 하려구요?" 하며 싫은 소리를 들었다면 절대 추진하면 안 됩니다. 그런 소리를 듣고 나면 일이 무조건 이루어지지 않습니다.

이것이 상대성 이론입니다. 내가 결정해서 옳은 것을 만들었다 하더라도 상대에게 가서 바뀐다는 말입니다. 초를 쳐서 기운이 바뀌었다는 것입니다. 이것을 두고 잘될 일에 초를 쳤다고 하는 것입니다. 초를 치면 맛이 틀려지죠? 사람이 하는 행위에 말 한마디를 해 주는 것이 얼마나 큰 에너지인지를 지금 몰라서 그러는데, 이 말 한마디가 대자연의 법칙도 바꾸고 모든 일의 환경을 바꾸어 냅니다. 기분이 좋을 때 그냥 있으면 괜찮은데 기분 좋은 것을 상대에게 이야기했다가 상대가 초를 치는 말을 하면 기분 좋은 감정이 그 길로 끝이 납니다. 그때부터는 이야기할 생각도 하지 마십시오. 이야기를 하면 할수록 초를 친 맛이 계속 나오게 됩니다.

내가 결정한 일은 무엇이든지 스스로 해야 합니다. 그리고 상대와 의논할 때는 모자라는 것을 의논하고, 그때 상대가 조언해 주는 것을 수용해야 합니다. 수용하게 되면 모자라는 것이 채워져서 일이 잘 풀립니다. 그러나 의논한 것을 반영하지 않고 자기 마음대로 하면, 그 일이 잘못되고, 잘못되었다는 정보는 그 상대에게 정확하게 전달됩니다. 그러면 "그때 이렇게 하라고 하지 않았느냐?"라는 말을 상대로부터 정확하게 듣게 됩니다. 우리가 살면서 이런 일을 수없이 겪고도 아직도 정리를 못하고 있는 것입니다. 다시 강조하지만, 상대와 의논을 했다면 상대의 뜻도 반영해서 일을 추진해야 합니다. 그러면 100% 성공합니다.

다시 한 번 강조하지만, 부부의 경우, 혼자 결정하고 처리할 수 있는 일은 혼자서 해야 합니다. 그런데 혼자 결정하기에는 조금 미흡해서 의논을 해야 한다면, 서로가 합의 동참이 되면 하고 그렇지 않으면 하지 마십시오.

의논해야 되겠다고 생각하는 그 자체가 내가 부족한 것이기 때문에 자연적으로 의논하게 되는 것입니다. 부부끼리도 의논이 되지 않는다면 다른 데에 가서 의논해 보아도 마찬가지입니다. 이해가 됩니까?

정법을 알고도 그럴 사람은 없습니다!